中阶
Intermediate Stage
4A

U0955542

HSK
Chinese Proficiency Test
中文水平考试

符合《国际中文教育中文水平等级标准》
Complies with *Chinese Proficiency Grading Standards for International Chinese Language Education*

K12
标准中文
K12 Standard Chinese

《K12标准中文》编写组 编著

北京语言大学出版社
BEIJING LANGUAGE AND CULTURE UNIVERSITY PRESS

图书在版编目（CIP）数据

K12 标准中文 . 4A /《K12 标准中文》编写组编著 .
北京：北京语言大学出版社，2024. 12. -- ISBN 978-7-5619-6645-7

Ⅰ. H195.4

中国国家版本馆 CIP 数据核字第 2024LR7821 号

K12 标准中文4A
K12 BIAOZHUN ZHONGWEN 4A

责任编辑：刘奕君　　英文编辑：侯晓娟
责任印制：周　燚　　装帧设计：张晶晶
排版制作：薛　成　　图片提供：视觉中国

出版发行：北京语言大学出版社
社　　址：北京市海淀区学院路 15 号，100083
网　　址：www.blcup.com
电子信箱：service@blcup.com
电　　话：编辑部　8610-82303647/3592/3395
　　　　　国内发行　8610-82303650/3591/3648
　　　　　海外发行　8610-82303365/3080/3668
　　　　　北语书店　8610-82303653
　　　　　网购咨询　8610-82303908
印　　刷：北京联兴盛业印刷股份有限公司

版　　次：2024 年 12 月第 1 版　　印　　次：2024 年 12 月第 1 次印刷
开　　本：889 毫米 × 1194 毫米　1/16　　印　　张：7.5
字　　数：93 千字
05500

PRINTED IN CHINA
凡有印装质量问题，本社负责调换。售后 QQ 号 1367565611，电话 010-82303590

总 策 划：任书良

策　　划：梁晓晶　唐时雨

编　　者：顾建忠　唐时雨　房嘉慧

王叶子　李　君　张小菲

插画绘制：杨人洁

编写说明

《K12 标准中文》系列教材是为 K-12 年级非母语学习者编写的国际中文分级教材，旨在让学习者在喜闻乐见的中国现代生活和传统文化故事中实现语言水平的逐级提升。教材从语言与文化两个维度，严格对标中国教育部中外语言交流合作中心发布的《国际中文教育中文水平等级标准》(GF 0025—2021) (以下简称《等级标准》) 及《国际中文教育用中国文化和国情教学参考框架》(以下简称《参考框架》)。本套教材遵循“结构—功能—文化”相结合的原则，以学生为中心，以语言运用为导向，结合美国《21 世纪外语学习标准》中提出的“5C”目标 (Communication 沟通、Cultures 文化、Connections 贯连、Comparison 比较、Communities 社区)，秉持“汉字为基，文化为体，兴趣为本，分级为纲”的理念设计编写。教材尊重二语习得规律，内容设置循序渐进，形成了语言教学和文化教学的闭环交融结构。

《K12 标准中文》系列教材依据《等级标准》中提出的“三等九级”新范式进行编写，结合 K-12 学段学习者实际需求，进一步将分级标准细化为“五阶九级”，形成从基础阶、初阶，到中阶、进阶，再到高阶的螺旋式上升结构，九个级别与《等级标准》一一对应。在参考语法和词汇等级教学大纲的基础上，依据《参考框架》，从文化知识、文化理解、跨文化意识、文化态度四个维度精心设计教学内容。文化教学遵循具体到抽象的原则，从浅层文化逐步过渡到深层文化，将文化分级融入教材之中，力求全面、系统、客观地向世界介绍中国文化和当代国情，为促进文明交流互鉴和构建人类命运共同体做出积极贡献。

《K12 标准中文》系列教材入选两项科研基金项目：教育部中外语言交流合作中心 (CLEC) 科研基金项目“《国际中文教育中文水平等级标准》教学资源建设”(项目编号 YHJC21ZD-059) 和汉考国际 (CTI) 科研基金项目“新时代背景下基于《国际中文教育中文水平等级标准》的 K-12 中小学中文教材开发”(项目编号 CT12021B06)。全套教材已于 2024 年通过汉考国际 HSK/YCT 考试适用性认证，适用于 HSK 和 YCT 考试，推荐各国中小学中文学习者使用。

《K12 标准中文》设五个阶段，共九个级别：

基础阶（《K12 标准中文》1 级）：对标《等级标准》1 级、HSK1 级、YCT1 级，侧重于 5C 中的 Communication（沟通）。在基础阶段，学习者能就日常起居、个人信息等基本社会话题进行简单交际，了解基本文化常识及日常社交礼仪与行为规范。

初阶（《K12 标准中文》2 级）：对标《等级标准》2 级、HSK2 级、YCT2～3 级，侧重于 5C 中的 Communication（沟通）。学习者能就家庭情况、居住环境、购物等话题进行简短交流并完成相关交际任务，能够掌握中国节庆文化相关习俗，并能关联本国文化相关因素。

中阶（《K12 标准中文》3～4 级）：对标《等级标准》3～4 级、HSK3～4 级、YCT4 级，侧重于 5C 中的 Communication（沟通）、Communities（社区）和 Cultures（文化）。学习者能就校园生活、旅游出行等话题进行完整、连贯的交流并完成就医、邀请等交际任务，能够掌握名胜古迹、饮食文化、传统艺术等文化内容，并能进行文化对比。

进阶（《K12 标准中文》5～6 级）：对标《等级标准》5～6 级、HSK5～6 级，侧重于 5C 中的 Cultures（文化）和 Comparisons（比较）。学习者能就人际交往、社会现象等话题进行丰富、流畅、得体的社会交际并完成相关交际任务（如发表见解、谈论历史文化等），能够掌握中国寓言故事、当代文学艺术、对外交往等多样性文化内容，理解社会现象背后的文化内涵并适当发表见解。

高阶（《K12 标准中文》7～9 级）：对标《等级标准》7～9 级、HSK7～9 级，侧重于 5C 中的 Cultures（文化）、Comparisons（比较）和 Connections（贯连）。学习者能就各类高层次或专业话题进行较为规范、流利、得体的社会交际，能够理解中国社会生活和当代国情的特点及其文化内涵，具备分析与评价中国文化的动态发展与影响因素的能力。

《K12 标准中文》编写组

2024 年 7 月 12 日

Introduction

The *K12 Standard Chinese* series of teaching materials is an international Chinese graded textbooks designed for non-native language learners in K-12 grades, aiming to enable students to achieve a gradual improvement in language proficiency through enjoyable stories on modern Chinese life and traditional culture. Based on language and culture, the textbook is compiled in strict accordance with the *Chinese Proficiency Grading Standards for International Chinese Language Education* (GF0025-2021) (hereinafter referred to as the Grading Standards) and *The Framework of Reference for Chinese Culture and Society in International Chinese Language Education* (hereinafter referred to as the *Framework of Reference*) released by MOE Center for Language Education and Cooperation. This series of teaching materials follows the principle of combining structure, function and culture with students as the center and language use as the guide. It combines the "5C" goals (Communication, Cultures, Connections, Comparisons, and Communities) proposed by *Standards for Foreign Language Teaching in the 21st Century* in the US and upholds the writing ideas of "taking the Chinese characters as the basis, culture as the body, interest as the foundation and grading as the outline". It respects the law in second language acquisition, and designs the content step by step, thus forming a close-loop integration structure of language teaching and cultural teaching.

The *K12 Standard Chinese* series of textbooks is developed based on the new paradigm of "three bands and nine levels" proposed in the *Grading Standards*. Combined with K-12 learners' actual needs, the grading standards are further divided into "five stages and nine levels", thus forming a spiral upward structure ranging from the basic stage, initial stage, to the intermediate stage, pre-advanced stage, and then to the advanced stage. The nine levels have a one-to-one correspondence to the *Grading Standards*. Referring to the teaching syllabus for grammar and levels of vocabulary and based on *The Framework of Reference*, the teaching content is carefully designed from four aspects: knowledge of culture, understanding of culture, cross-cultural consciousness, and attitude towards culture. It teaches culture from the specific to the abstract, from the elementary to the profound, and strives to introduce Chinese culture and its contemporary national conditions to the world comprehensively, systematically and objectively, thus making positive contributions to promoting exchange and mutual learning among civilizations and building a community with a shared future for mankind.

The *K12 Standard Chinese* series of textbooks has been selected for two research fund projects: "Teaching Resources Construction for *Chinese Proficiency Grading Standards for International Chinese Language Education*" (project number YHJC21ZD-059), a scientific fund project sponsored by the MOE Center for Language Education and Cooperation (CLEC) and "Development of Chinese Textbooks for K-12 Primary and Secondary Schools Based on *Chinese Proficiency Grading Standards for International Chinese Language*

Education in the New Era" (project number CT12021B06), a scientific fund project sponsored by Chinese Testing International Co., Ltd. (CTI). The whole series of teaching materials has passed the applicability certification of HSK/YCT organized by CIT in 2024, and is suitable for these international tests for Chinese language. It is recommended to Chinese language learners in primary and secondary schools around the world.

The *K12 Standard Chinese* has five stages and totals 9 levels: the basic stage (Level 1 of *K12 Standard Chinese*) corresponds to Level 1 of *Grading Standards* or HSK1/YCT1, emphasizing on Communication in the "5C". In basic stage, students can have simple communication on daily life, personal information and other basic social topics, and understand basic cultural knowledge and daily social etiquette and behavior norms.

The initial stage (Level 2 of *K12 Standard Chinese*) corresponds to Level 2 of *Grading Standards* or HSK2/YCT2-3, emphasizing on Communication in the "5C". Students can communicate briefly on topics such as family background, living environment, shopping, etc. and complete relevant communication tasks. They can master the related customs on Chinese festivals, and can also relate to cultural factors in their own country.

The intermediate stage (Levels 3-4 of *K12 Standard Chinese*) corresponds to Levels 3-4 of *Grading Standards* or HSK3-4/YCT4, emphasizing on Communication, Communities, and Cultures in the "5C". Students can communicate completely and coherently on campus life, travel and other topics, and complete communication tasks such as seeking medical treatment and making invitations. They can learn places of interest, food culture, traditional art and other culture, and make cultural comparisons.

The pre-advanced stage (Levels 5-6 of *K12 Standard Chinese*) corresponds to Levels 5-6 of *Grading Standards* or HSK5-6, emphasizing on Cultures and Comparisons in the "5C". Students can carry out abundant, fluent and appropriate social communication on interpersonal communication, social phenomena, and other topics, and complete relevant communication tasks (such as expressing opinions and talking about history and culture). They can master China's fables, contemporary literature and art, foreign communication and other diverse cultural contents, understand the cultural connotations behind social phenomena and express their opinions appropriately.

The advanced stage (Levels 7-9 of *K12 Standard Chinese*) corresponds to Levels 7-9 of *Grading Standards* or HSK7-9, emphasizing on Cultures, Comparisons and Connections in the "5C". Students can conduct standardized, fluent and appropriate social communication on various advanced or professional topics, understand the characteristics and cultural connotations of China's social life and contemporary national conditions, and have the ability to analyze and evaluate the dynamic development and influencing factors of Chinese culture.

Writing Group of *K12 Standard Chinese*

July 12, 2024

目录

Unit 1

中国名胜古迹 I

Scenic Spots and Historical Sites in China (I)

第一课　中国著名旅游景点 ······ 2
Lesson 1 Famous Tourist Attractions in China

第二课　去北京 ······ 7
Lesson 2 Going to Beijing

Unit 2

中国名胜古迹 II

Scenic Spots and Historical Sites in China (II)

第三课　兵马俑 ······ 18
Lesson 3 Terracotta Warriors and Horses

第四课　丝绸之路 ······ 23
Lesson 4 The Silk Road

Unit 3

传统艺术

Traditional Art

第五课　京剧 ······ 32
Lesson 5 Peking Opera

第六课　《二泉映月》 ······ 38
Lesson 6 *Moonlight on the Pond*

Unit 4

环 保

Environmental Protection

第七课　绿色出行 …… 50
Lesson 7 Green Travel

第八课　垃圾分类 …… 55
Lesson 8 Garbage Classification

Unit 5

科技生活

Technology and Life

第九课　手机与生活 …… 66
Lesson 9 Mobile Phones and Life

第十课　智慧城市 …… 70
Lesson 10 Smart City

Unit 6

传统节日

Traditional Festivals

第十一课　端午节 …… 80
Lesson 11 Loong Boat Festival

第十二课　春节 …… 85
Lesson 12 Spring Festival

词汇表 …… 94

第一单元
Unit 1

中国名胜古迹 I
Scenic Spots and Historical Sites in China (I)

lì shǐ fēng jǐng yōu měi
欢迎来到历史悠久、风景优美的文明古
kuān guǎng tǔ
国——中国。这里有美丽的山水、宽广的土
dì fēng sú qīng
地、丰富的动植物和多样的风俗。让我们带着轻
sōng
松的心情，来一次旅行吧！

第一课　中国著名旅游景点
Lesson 1　Famous Tourist Attractions in China

现在，到中国来留学的国际学生越来越多。学生们在一个学期的紧张学习后，常会利用放暑假(shǔ jià)或放寒假(hán jià)的时间去各地旅游，放松一下心情。

如果你想感受中国山水，可以去湖南张家界，那里气候舒适(shū shì)，冬暖夏凉。张家界的森林(sēn lín)公园是中国第一个国家森林公园，在那里你可以呼吸(hū xī)新鲜(xīn xiān)的空气，还可以看到不同类型(lèi xíng)的植物(zhí wù)。广西桂林也是一个不错的选择，那里就像一幅(fú)山水画，民间有“桂林山水甲天下”一说。

如果你对登山(dēng shān)感兴趣(gǎn xìng qù)，那泰山不能不去。泰山位于(wèi yú)山东中部，被称为“天下第一山”。泰山的日出很美，为了能看日出，很多人从半夜就开始登山。中国古人认为泰山是离天最近的地方，泰山在中国人心中的地位(dì wèi)非常高，民间也有“泰山安，四海皆(jiē)安”的说法。

如果你喜爱(xǐ ài)大海，去中国南边的海南一定没错(méi cuò)。细(xì)软的沙滩、干净的海水(hǎi shuǐ)、美味的海鲜(hǎi xiān)会让你很快放松(fàng sōng)下来，享受海边的乐趣(lè qù)。

中国有太多值得看的风景名胜，比如东北的雪山、内蒙古的草原、杭州的西湖、苏州的园林等等。不管(bù guǎn)你在哪个季节(jì jié)来中国旅游，都能够享受美丽的风景，获得(huò dé)无限(wú xiàn)乐趣。

词语学习 Word Learning

识写

1. 历史 lìshǐ history
2. 风景 fēngjǐng scenery
3. 优美 yōuměi beautiful
4. 宽广 kuānguǎng broad
5. 土地 tǔdì land
6. 风俗 fēngsú custom
7. 轻松 qīngsōng relaxed
8. 暑假 shǔjià summer vacation
9. 寒假 hánjià winter vacation
10. 舒适 shūshì comfortable
11. 森林 sēnlín forest
12. 呼吸 hūxī breathe
13. 新鲜 xīnxiān fresh
14. 类型 lèixíng type, category
15. 植物 zhíwù plant
16. 登山 dēng//shān climb a mountain
17. 感兴趣 gǎn xìngqù be interested in
18. 位于 wèiyú be located in

19 地位 dìwèi position, status

20 喜爱 xǐ'ài like

21 没错 méi cuò can't go wrong

22 细 xì (of particles) fine, small

23 海水 hǎishuǐ seawater

24 海鲜 hǎixiān seafood

25 放松 fàngsōng relax

26 乐趣 lèqù fun

27 不管 bùguǎn regardless of

28 季节 jìjié season

29 获得 huòdé gain, get

30 无限 wúxiàn unlimited

识读

1 幅 fú *a measure word for pictures*

2 皆 jiē all

本课语法 Grammar in This Lesson

主语 + 被（+ 宾语）+ 动词 + 其他成分

· 泰山被称为“天下第一山”。

· 班长被老师叫去办公室了。

· 图书馆的门被关上了。

不管……都 / 也……

· 不管你在哪个季节来中国旅游，都能够享受美丽的风景，获得无限乐趣。

· 不管明天下不下雨，我们都会去海边。

· 不管中文有多难，我也会坚持学下去。

活动与练习 Activities and Exercises

一、词语扩展

例 优美→ 风景优美 → 杭州西湖风景优美。

1. 放松→ ______ → ______

2. 新鲜→ ______ → ______

3. 宽广→ ______ → ______

4. 舒适→ ______ → ______

5. 无限→ ______ → ______

二、用所学语法造句

1. 旧袜子被妈妈扔了。

① ______ 被 ______

② ______ 被 ______

2. 不管明天你来不来上学，你都要完成这个作业。

① 不管 ______ 都 ______

② 不管 ______ 也 ______

三、小组活动

以小组为单位，选择一个中国城市并做旅行计划，最后在班上交流。

旅行计划应包含以下内容：

① 旅行的目的地；

② 旅行目的地的历史、景点和美食等；

③ 火车或飞机时刻表和价格；

④ 每天的日程安排；

⑤ 旅行应该带的物品。

旅行计划

第二课　去北京

Lesson 2　Going to Beijing

北京是中国的首都，有许多著名(zhù míng)的景点(jǐng diǎn)。今年国庆假期，我约了几个小伙伴(huǒ bàn)一起去北京旅行，我们度过(dù guò)了一个轻松又格外(gé wài)有意义的假期。

我们首先去了故宫。通过导游(dǎo yóu)我们了解到，故宫建于明朝，是明朝和清朝皇(huáng)帝(dì)生活的地方。游览故宫，我们从天安门出发，经过广场便到了故宫的正门午门。从午门进去，过了金水桥就是三大殿(diàn)：太和殿、中和殿、保和殿。接下来是后三宫(gōng)，后三宫包括(bāo kuò)乾清宫、交泰殿和坤宁宫，在这儿你可以想象(xiǎngxiàng)以前皇帝生活的情景(qíngjǐng)。故宫房屋极多，据说共(gòng) 9999 间，规模(guī mó)极(jí)大，这些建筑和里面的文物(wén wù)吸引(xī yǐn)了世界各地的游客来参观，它们是极其(jí qí)宝贵(bǎo guì)的文化财产(cái chǎn)。

逛(guàng)完故宫，我们又去了颐和园。颐和园在北京西郊，是皇帝夏天避(bì)暑的地方，里面有著名的万寿山和昆明湖。万寿山下有一条700多米的长廊(láng)，长廊顶上竟然(jìng rán)画有一万多幅五颜六色(wǔ yán liù sè)的画儿！游客从长廊经过，都纷纷称赞(fēn fēn chēng zàn)这长廊的设计。昆明湖中有三个漂亮的小岛(dǎo)，湖上有一座十七孔桥，太阳落下的时候，阳光穿过桥洞，那景色美得很难用语言描述(miáo shù)。

第二天我们去了著名的万里长城。我们提前一个小时就起床了，顺利地坐上了去长城的第一班火车。到了长城，我们总共(zǒng gòng)用了三个小时才登顶(dēng dǐng)，可见(kě jiàn)长城有多雄伟。导游说：“不到长城非(fēi)好汉。”虽然我几乎(jī hū)用完了所有力气(lì qi)，但我和伙伴们还是登上了长城，我们感到非常得意(dé yì)！

另外，我们还去了北海公园、鸟巢、水立方等，还吃了有名的北京烤鸭呢！这次的北京旅行给我留下了非常深刻的印象！

词语学习　Word Learning

识写

1 著名　zhùmíng　famous

2 伙伴　huǒbàn　partner, pal

3	度过	dùguò	spend	17	避	bì	avoid
4	格外	géwài	particularly	18	竟然	jìngrán	unexpectedly
5	导游	dǎoyóu	tourist guide	19	五颜六色	wǔyán-liùsè	colorful
6	包括	bāokuò	include	20	纷纷	fēnfēn	one after another
7	想象	xiǎngxiàng	imagine	21	称赞	chēngzàn	praise
8	情景	qíngjǐng	scene	22	描述	miáoshù	describe
9	共	gòng	in total	23	总共	zǒnggòng	in total
10	规模	guīmó	scale	24	登	dēng	reach
11	极	jí	extremely	25	可见	kějiàn	it is thus clear that...
12	吸引	xīyǐn	attract	26	非	fēi	not
13	极其	jíqí	extremely	27	几乎	jīhū	almost
14	宝贵	bǎoguì	precious, valuable	28	力气	lìqi	strength
15	财产	cáichǎn	property	29	得意	déyì	proud
16	逛	guàng	stroll				

识读

1	景点	jǐngdiǎn	scenic spot	5	文物	wénwù	cultural relic
2	皇帝	huángdì	emperor	6	廊	láng	corridor
3	殿	diàn	hall	7	岛	dǎo	island
4	宫	gōng	palace	8	顶	dǐng	top, summit

本课语法 Grammar in This Lesson

格外、极、极其

- 我们度过了一个轻松又格外有意义的假期。
- 看到我们的中文成绩都有提高，老师今天格外高兴！
- 黑板上的字极小，我完全看不清楚。
- 他是一个极其负责的班长。

竟然

- 长廊顶上竟然画有一万多幅五颜六色的画儿！
- 这个题目很简单，他竟然做错了。
- 他来中国还不到一年，竟然已经去过这么多城市了。

可见

- 我们总共用了三个小时才登顶，可见长城有多雄伟。
- 他两年前还不会说中文，现在说一口流利的中文，可见他在中国留学时有多么努力。

活动与练习 Activities and Exercises

一、词语扩展

例 优美→ 风景优美 → 杭州西湖风景优美。

1. 著名→ ________ → ________

2. 度过→________→________

3. 规模→________→________

4. 吸引→________→________

5. 宝贵→________→________

二、用所学语法造句

1. 小王篮球打得很好，可他竟然没有参加这次篮球比赛。

① ________竟然________

② ________竟然________

2. 大卫的汉字写得真好，可见他平时经常练习。

① ________，可见________

② ________，可见________

三、小组活动

以小组为单位，从故宫、颐和园、长城、北海公园、圆明园、鸟巢、水立方等北京的著名景点中，每个人选择一处进行介绍，最后组成完整的北京旅游景点介绍。景点介绍应该包括：

① 景点的历史；

② 景点的主要特点；

③ 景点的游玩时间。

单元拓展

一、语言交流

你学习中文多久了？你认为游览中国著名景点对学习中文有什么帮助？请你和老师、同学们交流交流，并把重要的信息记录下来。

二、文化交流

假如你的中国朋友要去你的国家旅行，你会介绍他去哪里玩儿？请你介绍一个你们国家的景点，并完成下面的表格。

景点名称	
国家 / 城市	
旅行时间	
介绍理由	

翻译练习

一、将下列英文短文翻译成中文

Two Days in Beijing

Beijing, the capital of China, is one of my favorite cities. I had wished I could visit it one day. During last summer vacation, my parents and I had been in Beijing for two days and my dream came true. We were ready to leave for Beijing on July 20th. When the day came, I was so happy that I got up at 7 o'clock in the morning and prepared everything needed. Then, I began my trip.

Day 1: Visiting the Imperial Palace

After my parents and I arrived at Beijing at 2:00 pm on July 20th, we arrived at the reserved hotel and put down our belongings. Then, we couldn't wait to visit our first destination—the Imperial Palace, which was where the ancient emperor lived. It is a grand architectural complex with over 9,000 rooms, including three main halls: Hall of Supreme Harmony (also known as *Taihedian*), Hall of Harmony (also known as *Zhonghedian*), and Hall of Preserving Harmony (also known as *Baohedian*). There are a great number of cultural relics on display. This is really a must-see place if you go to China.

Day 2: Going to the Great Wall

As is often said, "He who doesn't go to the Great Wall is not a true man." The Great Wall was my first choice for travel. We arrived at the Great Wall early in the morning. The Great Wall, composed of walls made of stones, bricks, and other materials, is one of the most popular scenic spots in the world and has a large number of tourists from home and abroad. Ascending the Great Wall was difficult, but it gave me a wonderful feeling of overcoming difficulties. The

Great Wall is magnificent. I can't imagine how ancient people built it without any modern techniques.

二、口语交流：用中文翻译并回答下列问题

1. Have you ever been to some famous tourist attractions of China?
2. If you could go to a place in China, where would you most like to go?
3. What other scenic spots and historical sites are there in China?
4. Can you introduce one or two famous tourist attractions to your classmates in Chinese?

chū sài
出塞

táng wáng chāng líng
［唐］王昌龄

qín shí míng yuè hàn shí guān
秦时明月汉时关，
wàn lǐ cháng zhēng rén wèi huán
万里长征人未还。
dàn shǐ lóng chéng fēi jiàng zài
但使龙城飞将在，
bú jiào hú mǎ dù yīn shān
不教胡马度阴山。

在教师的指导下，背诵这首诗。
Recite this poem under the teacher's instruction.

第二单元
Unit 2

中国名胜古迹 Ⅱ
Scenic Spots and Historical Sites in China (II)

在上一单元，我们一起去了张家界、桂林、泰山、海南和北京，这个单元我们来学习中国的文化遗产(yí chǎn)。让我们一起走进神秘(shén mì)的秦始皇兵马俑和古代中国与外国交流的道路——丝绸之路吧！

第三课　兵马俑

Lesson 3　Terracotta Warriors and Horses

秦始皇陵位于西安市以东的骊山脚下，是中国历史上第一个皇帝的陵园。秦始皇是历史上第一个统一中国的皇帝，因此自称“始皇帝”，“始”的意思是“开始”。

据说秦始皇想让自己的权力在死后得到延续，投入了巨大的人力和财富修建陵园，工程共用时 39 年，给国家造成了沉重的负担。他想在陵墓里建造一支能打败所有敌人的军队，便要求工匠们制作士兵和战马的陶俑。这些兵马俑的尺寸是按照真实的士兵和战马的大小“复制”的。

1974 年 3 月，几个农民打井，打到四五米深时发现了一些陶人。这个发现引起了考古工作者的关注。经过他们的努力，这座“世界上最大的地下军事博物

馆(guǎn)”出现在了我们面前。目前已经发现的兵马俑坑(kēng)有三个，经统计(tǒng jì)，总面积有两万多平方(píng fāng)米。每个坑内，整齐地排列(pái liè)着经测量(cè liáng)与真实兵马一般大小的陶俑、陶马。由神态各异的兵马俑组成的大型(dà xíng)军阵(zhèn)具有极高的历史价值和艺术价值。

1978年，法国前总理(zǒng lǐ)希拉克参观兵马俑后说：“世界上有七大奇(qí)迹(jì)，秦始皇兵马俑的发现，可以说是第八大奇迹了。不看金字塔，不算真正到过埃及；不看兵马俑，不算真正到过中国。”从此(cóng cǐ)兵马俑就被人们称为“世界第八大奇迹”。

词语学习 Word Learning

识写

1	遗产	yíchǎn	heritage	9	工程	gōngchéng	project
2	神秘	shénmì	mysterious	10	沉重	chénzhòng	heavy
3	统一	tǒngyī	unified	11	负担	fùdān	burden
4	权力	quánlì	power	12	打败	dǎbài	defeat
5	延续	yánxù	continue	13	敌人	dírén	enemy
6	投入	tóurù	put into	14	士兵	shìbīng	soldier
7	巨大	jùdà	enormous	15	尺寸	chǐcùn	size
8	财富	cáifù	wealth	16	复制	fùzhì	reproduce

17	统计	tǒngjì	statistic
18	平方	píngfāng	square
19	排列	páiliè	arrange
20	测量	cèliáng	measure
21	大型	dàxíng	large
22	阵	zhèn	array
23	总理	zǒnglǐ	prime minister
24	从此	cóngcǐ	henceforth, since then

识读

1	陵园	língyuán	tombs surrounded by a park
2	修建	xiūjiàn	build
3	陵墓	língmù	mausoleum
4	军队	jūnduì	army
5	工匠	gōngjiàng	craftsman, artisan
6	陶俑	táoyǒng	terracotta figurine
7	考古	kǎogǔ	archaeology
8	军事	jūnshì	military
9	博物馆	bówùguǎn	museum
10	坑	kēng	pit
11	奇迹	qíjì	miracle

本课语法 Grammar in This Lesson

由……组成

- 由神态各异的兵马俑组成的大型军阵具有极高的历史价值和艺术价值。
- 我们班由 10 位中国学生和 15 位外国学生组成。
- 这次中文考试卷由听力、阅读和写作三部分组成。

活动与练习 Activities and Exercises

一、选择恰当的词语填空

统一	巨大	复制	负担
测量	大型	投入	财富

1. 我们家附近新开了一个（　　）体育馆，听说（　　）了（　　）的人力和（　　）才建成。

2. 经过（　　），我们知道了这个杯子重 205 克。

3. 明天是开学第一天，老师说我们要（　　）穿校服。

4. 这个手术的费用很高，对他来说是不小的（　　）。

5. 他在电脑上（　　）了五份文件。

二、用所学语法造句

这支篮球队由五年级和六年级的学生组成。

① ______________ 由 ______________________ 组成。

② ______________ 由 ______________________ 组成。

三、小组活动：为兵马俑做名片

仔细阅读课文，为兵马俑制作一张名片，完成后与小组同学交流交流。

名字	兵马俑
出生时间	
出生地	
价值	
地位	
其他	

第四课　丝绸之路
Lesson 4　The Silk Road

中国是世界上第一个生产丝绸(sī chóu)的国家。古代陆地(lù dì)丝绸之路东起中国西安，西到欧洲，全长7000多千米。它最初(zuì chū)的作用是把中国产的丝绸运到西方。1877年，一个德国人在他写的一本书中，把这条商路叫作“丝绸之路”。

说到丝绸之路，我们就得(děi)提起一名古代外交官(wài jiāo guān)张骞(zhāng qiān)。西汉时期，张骞带着100多人从西安出发，去联系西边的一个国家，请他们和汉朝团结起来对付(duì fu)敌人。路上不幸被敌人抓住后，张骞等人被迫(bèi pò)在敌国度过了10年，他们吃了很多苦(kǔ)，幸好最后终于摆脱(bǎi tuō)了敌人。但当张骞和他的队伍终于来到目的地的时候，那个国家已经搬到更远的

地方去了，他们就只好返回西安了。第一次出访，张骞虽然没有达到目的，但这个过程让他对当地居民(jū mín)的生活情况有了充分(chōng fèn)的了解。他向皇帝做了汇报(huì bào)，皇帝听后非常兴奋(xīng fèn)，认为应该跟西域(xī yù)进行密切(mì qiè)的交往(jiāo wǎng)，交换(jiāo huàn)双方的资源(zī yuán)，学习人家(rén jia)优秀(yōu xiù)的地方。多年后，张骞得到了第二次机会，这次他的队员规模扩大(kuò dà)了，有300多人。他们挑选(tiāo xuǎn)了丝绸、茶叶(chá yè)等具有中原特色的各类货物(huò wù)，顺利地到达了西域。这次出访，张骞跟西域国家建立了良好(liáng hǎo)的关系，还引进(yǐn jìn)了西域产的葡萄(pú tao)等，把种子带回了中国种植(zhòng zhí)。

张骞两次去西域，促进(cù jìn)了中原和西域的文化和资源交流，此外(cǐ wài)，还加快了国家的经济发展。在之后(zhī hòu)的一千多年的时间里，丝绸之路一直是中国和西方之间经济文化的交流之路，它对促进东西方文明发展起到了极其重要的作用。

词语学习　Word Learning

识写

1	陆地	lùdì	land
2	最初	zuìchū	initial
3	得	děi	must
4	外交官	wàijiāoguān	diplomat
5	对付	duìfu	deal with
6	被迫	bèpò	be forced, be compelled

7	苦	kǔ	hardship
8	摆脱	bǎituō	get rid of
9	居民	jūmín	resident
10	充分	chōngfèn	sufficient
11	汇报	huìbào	report
12	兴奋	xīngfèn	excited
13	密切	mìqiè	close
14	交往	jiāowǎng	contact
15	交换	jiāohuàn	exchange
16	资源	zīyuán	resource
17	人家	rénjia	other (people, etc.)
18	优秀	yōuxiù	excellent
19	扩大	kuòdà	expand
20	挑选	tiāoxuǎn	select
21	茶叶	cháyè	tea (leaves)
22	良好	liánghǎo	good
23	引进	yǐnjìn	introduce from elsewhere
24	种植	zhòngzhí	plant, grow
25	促进	cùjìn	promote
26	此外	cǐwài	besides, in addition
27	之后	zhīhòu	time after a certain point

识读

1	丝绸	sīchóu	silk
2	西域	Xīyù	the Western Regions (used in Han Dynasty for areas west of Yumenguan)
3	货物	huòwù	goods, commodity
4	葡萄	pútao	grape

专有名词

张骞	Zhāng Qiān	first envoy of the Western Han Dynasty to kingdoms in the Western Regions

本课语法　Grammar in This Lesson

人家

- 学习人家优秀的地方。
- 人家现在有困难，咱们应该帮他。
- 你看人家天天锻炼，身体多健康。

此外

- 此外，还加快了国家的经济发展。
- 我们上课要认真听讲，此外还要积极完成作业。
- 学习中文，上课听讲很重要，此外还要多跟中国人交流。

活动与练习　Activities and Exercises

一、选择恰当的词语填空

交往　陆地　资源　被迫　扩大　优秀

1. 经过 8 个小时，船终于到达了（　　）。

2. 那时，两个国家之间的（　　）是以（　　）交换作为基础的。

3. 这几年网购的人越来越多了，这几家电子公司都（　　）了规模。

4. 我们要向（　　）的同学学习。

5. 今天下午有暴雨，所以比赛（　　）取消了。

二、请给“此外”或者“人家”选择适当的位置

此外

1. A 要写好作文，B 只有多花时间 C 多读多练，D 没有别的办法。

2. 奶奶 A 喜欢在花园里 B 种菜，C 还种了一些 D 花。

3. A，B 我们还要注意养成好的饮食习惯 C，D 每天按时吃饭。

人家

4. A 帮助了你，你应该谢谢 B 他，并且在 C 他需要帮助的时候帮助 D 他。

5. 我们班的 A 大卫学习成绩很好，B 我妈妈让 C 我多跟 D 学习。

三、交流拓展

请你根据课文内容，查找更多关于“丝绸之路”的资料，在下面画出“丝绸之路”的路线，标出沿线各国的名称，以及它们的特色货物，最后与同学交流分享。

单元拓展

一、语言交流

假如你和张骞一样是外交官，你会选择把什么样的货物介绍到中国呢？你又会把什么样的货物从中国带到你的国家呢？请你和老师、同学们交流交流，并完成下面的表格。

货物	国家	交换原因

二、文化交流

兵马俑、丝绸之路等都是中国的历史古迹，请问你的国家有没有这样的历史古迹呢？这些古迹有什么故事呢？请你写下来，然后和老师、同学们分享。

古迹名称	
所在地	
历史故事	

翻译练习

一、将下列英文句子翻译成中文，注意使用学过的词语

1 We should protect the great cultural heritage of ancient China.

2 Exams sometimes like burdens weighing heavily on our minds.

3 The leaders arrived at our school and conducted a detailed investigation.

4 I dream of becoming an excellent diplomat when I grow up.

5 Our school library is going to expand its scale.

二、翻译下列问题，并根据课文内容用中文正确回答问题

1 Where are Qinshihuang's terracotta warriors and horses?

2 How many years did it take to build Qinshihuang's mausoleum?

3 How long is the Silk Road on land?

4 What is the role of the Silk Road?

5 Can you briefly retell the story of the envoy Zhang Qian?

sài shàng tīng chuī dí
塞上听吹笛

táng gāo shì
［唐］高 适

xuě jìng hú tiān mù mǎ huán
雪净胡天牧马还，

yuè míng qiāng dí shù lóu jiān
月明羌笛戍楼间。

jiè wèn méi huā hé chù luò
借问梅花何处落，

fēng chuī yí yè mǎn guān shān
风吹一夜满关山。

在教师的指导下，背诵这首诗。
Recite this poem under the teacher's instruction.

第三单元
Unit 3

传统艺术
Traditional Art

中国有五千多年的文明历史，这期间产生了多种多样(duō zhǒng duō yàng)的传(chuán)统(tǒng)艺术。有以历史故事为主要内容的京剧，其中不仅具有许多艺术技巧(jì qiǎo)，还包含(bāo hán)深厚的文化含义(hán yì)；有优美动人的传统民乐，表达人们丰富的情感和对生活的期待(qī dài)。本单元就让我们一起进入传统艺术的世界，用心体会艺术的美！

第五课　京剧

Lesson 5　Peking Opera

京剧，中国国粹(guó cuì)之一，也是中国影响最大的戏曲(xì qǔ)种类之一，分布地以北京为中心，遍及全国。京剧在文学、表演、音乐、舞台美术等各个方面都有一套规范化的表现形式。

根据不同性别、年纪、身份(shēn fèn)、性格，京剧的角色(jué sè)分为“生、旦、净、丑”这四种。“生”指男性角色，可细(xì)分为老生、小生、武生等。“旦”指女性角色，又分为正旦、花旦、武旦和老旦。“净”指花脸，以脸部运用(yùn yòng)图案(tú àn)化的脸(liǎn)谱(pǔ)为标志(biāo zhì)，大多表演性格鲜明(xiān míng)的人；根据身份、性格和技术特点又分为大花脸、二花脸和武花脸。“丑”指喜剧角色，分文丑和武丑。

京剧表演的艺术技巧有唱、念、做、打，这也是京剧表演的四项(xiàng)基本功。“唱”指歌唱，“念”指音乐

性的语言，两者互相补充，组成京剧表演艺术中的“歌”；“做”指舞蹈性的身体动作，“打”指武术动作，两者互相结合，组成京剧表演艺术中的“舞”。京剧演员从小就从唱、念、做、打几个方面接受严(yán)格(gé)的培训(péi xùn)和培养(péi yǎng)，等到各种技巧熟练(shú liàn)后才能进行艺术创造。

京剧的时间和空间(kōng jiān)是由演员的活动来确定的，自有一套规则(guī zé)。比如，剧中一个演员上场后，通过唱、念，就可以表明舞台是他的书(shū)房(fáng)，但是他下场后这个书房就不存在了。假如(jiǎ rú)要表演一个人无聊(wú liáo)的时候想去朋友家，演员就在台上(tái shàng)走一圈(quān)，他的家也就变成他朋友家了。京剧还用脸谱来表现剧中人物的性格，用服装来代表人物的身份和社会地位，用音乐来配合表演、表现环境等。

总之(zǒng zhī)，京剧用一种综合(zōng hé)艺术形式反映了有趣(yǒu qù)的民间故事和生活，表现了精彩的中国文化。京剧赢得(yíng dé)了大家的喜爱，成为在全世界流(liú)传(chuán)的中国文化符号(fú hào)！

词语学习 Word Learning

识写

1	多种	duō zhǒng	multiple
2	多样	duōyàng	various
3	传统	chuántǒng	traditional
4	技巧	jìqiǎo	skill
5	包含	bāohán	include
6	含义	hányì	meaning

7 期待 qīdài expectation
8 身份 shēnfèn identity
9 角色 juésè role
10 细 xì thin, slender
11 运用 yùnyòng use
12 图案 tú'àn pattern
13 标志 biāozhì sign
14 鲜明 xiānmíng distinct
15 项 xiàng *a measure word for itemized things*
16 严格 yángé strict
17 培训 péixùn training
18 培养 péiyǎng cultivate
19 熟练 shúliàn skilled, proficient
20 空间 kōngjiān space
21 规则 guīzé rule
22 假如 jiǎrú if
23 无聊 wúliáo bored, dull
24 台上 táishàng (on) the stage
25 圈 quān circle
26 总之 zǒngzhī in a word
27 综合 zōnghé comprehensive
28 有趣 yǒuqù interesting
29 赢得 yíngdé win
30 流传 liúchuán spread
31 符号 fúhào symbol

识读

1 国粹 guócuì quintessence of Chinese culture
2 戏曲 xìqǔ opera
3 脸谱 liǎnpǔ facial make-up
4 书房 shūfáng study

本课语法 Grammar in This Lesson

根据

- 根据不同性别、年纪、身份、性格，京剧的角色分为“生、旦、净、丑”这四种。
- 学校根据学生的中文水平分班教学。
- 根据全班同学的建议，老师修改了计划。

假如……，（就）……

- 假如要表演一个人无聊的时候想去朋友家，演员就在台上走一圈。
- 假如能通过 HSK5 级考试，我就可以去梦想的大学了。
- 假如有困难，你一定要告诉我。

活动与练习 Activities and Exercises

一、学习课文，根据自己的理解，用下列词语写一段关于“中国京剧”的介绍

要求：① 语法正确；② 100 字以内；③ 写完后口头在班上展示。

使用词语：传统　技巧　身份　角色　台上　有趣

____

____

____

____

二、用“假如……就……”改写下列句子

1. 我要和大枫出去玩儿。我要先告诉妈妈。

____

2. 今天下午下雨。我们不去跑步。

____

3. 那家饭店不好吃。我们换一家饭店吃饭。

____

4. 她这一次帮助了你。你下一次要帮助他。

____

5. 小叶通过了 HSK6 级考试。小叶可以在中国上大学。

____

三、小组活动：认识脸谱

中国京剧脸谱，每种颜色代表不同的性格和角色，请你和同学一起查找相关资料，并完成以下表格。

脸谱颜色	性格	代表人物
红色		
蓝色		
黑色		
白色		
紫色		
黄色		
绿色		
金银色		

第六课 《二泉映月》
Lesson 6 *Moonlight on the Pond*

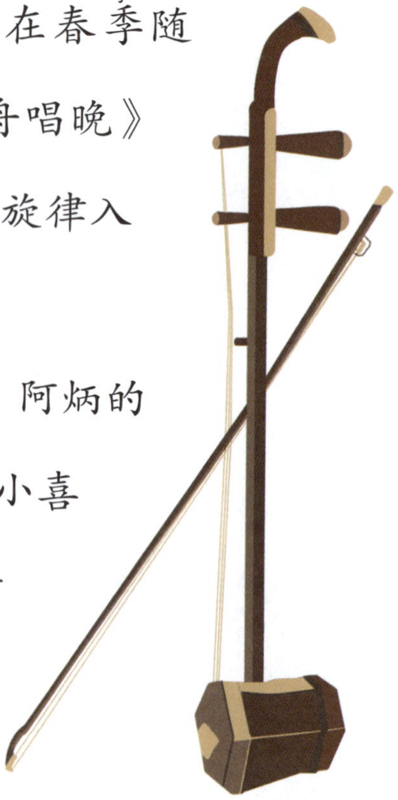

中国传统音乐给人带来美的享受。你可以在春季(chūn jì)随《百鸟朝凤》的欢乐节奏跳舞，在夏季(xià jì)从《渔舟唱晚》中感受夏夜的宁静(níng jìng)，在秋季(qiū jì)随《高山流水》的旋律入睡，在冬季(dōng jì)听《梁祝》诉说美丽的爱情故事。

不少中国传统音乐都具有深厚的文化含义。阿炳的《二泉映月》背后就有一个动人的故事。阿炳从小喜爱音乐，在他二十多岁时，父亲去世了，紧接着他双眼失明(shī míng)。从此，阿炳只能靠卖唱生活。但是，哪怕(nǎ pà)在黑暗(hēi àn)中度过了几十年，他也没有被穷苦(qióng kǔ)的生活打败。他没有对生活失望(shī wàng)，反而(fǎn ér)一直保持乐观向上的精神，用音乐反映出他内心的各种情感。通过他出色(chū sè)的音乐作品《二泉映月》，你可以听到他并不圆满(yuán mǎn)的一生，也能感受到他挑战(tiǎo zhàn)命运的勇气(yǒng qì)。

中国的传统音乐就像一位知识丰富的好友(hǎo yǒu)。他可以带给你无限的快乐和美好，还能给你战胜困难的勇气；他可以带你了解中国文化，还可以给你讲很多经典（jīng diǎn）故事。有了这位好友，无论（wú lùn）你距离中国多远，都能走进中国传统文化和艺术的世界！

词语学习 Word Learning

识写

1	春季	chūnjì	spring
2	夏季	xiàjì	summer
3	宁静	níngjìng	quiet
4	秋季	qiūjì	fall, autumn
5	冬季	dōngjì	winter
6	哪怕	nǎpà	even if
7	黑暗	hēi'àn	dark
8	穷	qióng	poor
9	失望	shīwàng	disappoint
10	反而	fǎn'ér	on the contrary, instead
11	出色	chūsè	outstanding
12	圆满	yuánmǎn	satisfactory, perfect
13	挑战	tiǎozhàn	challenge
14	勇气	yǒngqì	courage
15	好友	hǎoyǒu	good friend
16	经典	jīngdiǎn	classical
17	无论	wúlùn	regardless of

识读

1	失明	shī//míng	go blind
2	穷苦	qióngkǔ	impoverished

本课语法　Grammar in This Lesson

哪怕……，也 / 还……

- 哪怕在黑暗中度过了几十年，他也没有被穷苦的生活打败。
- 哪怕再难，我也要坚持学下去。
- 哪怕选上的机会不大，我还是要去试一试。

反而

- 他没有对生活失望，反而一直保持乐观向上的精神。
- 雨没停，反而越来越大了。
- 我没帮上忙，反而给大家添麻烦了。

无论……，都 / 也……

- 无论你距离中国多远，都能走进中国文化和艺术的世界！
- 无论爸爸工作多忙，他都坚持每天锻炼。
- 无论汉字多难，我也要学好它。

活动与练习　Activities and Exercises

一、学习课文，根据自己的理解，用下列词语写一段关于“中国传统音乐”的介绍

要求：① 语法正确；② 100 字以内；③ 写完后口头在班上展示。

使用词语：典型　平静　经典　无论

____

____

____

____

____

____

二、用所学语法造句

1. 哪怕题目再简单，我也要检查一遍。

① 哪怕________，________也________

② 哪怕________，________还________

2. 无论明天是不是晴天，我都要去爬山。

① 无论________，________都________

② 无论________，________也________

3. 太阳没出来，反而还下雨了。

① ________，反而________

② ________，反而________

三、小组活动：寻找背后的故事

通过本课学习，我们了解了《二泉映月》背后的故事。那么，接下来请你们组从《百鸟朝凤》《渔舟唱晚》《高山流水》《梁祝》这四段中国传统音乐中选择一段，查找其背后的故事，并在全班同学面前分享。

单元拓展

一、语言交流

请你在网络上搜索几段京剧或中国传统音乐，将你最喜欢的一段记录下来，推荐给同学们一起听一听，并完成下面的表格。

名称	
推荐理由	

二、文化交流

除了京剧和传统音乐之外，你还知道哪些中国传统艺术？请你选择其中一类，根据以下表格做一份学习计划，并在完成后与老师、同学们交流交流。

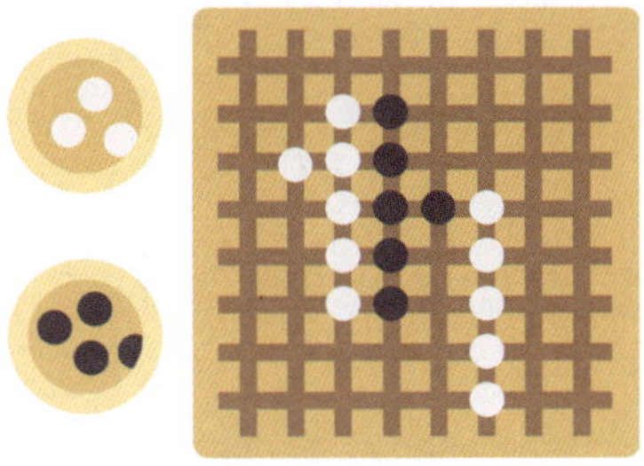

艺术类型	
学习时间	
学习方式	
学习内容	
具体安排	

翻译练习

Paper Cutting

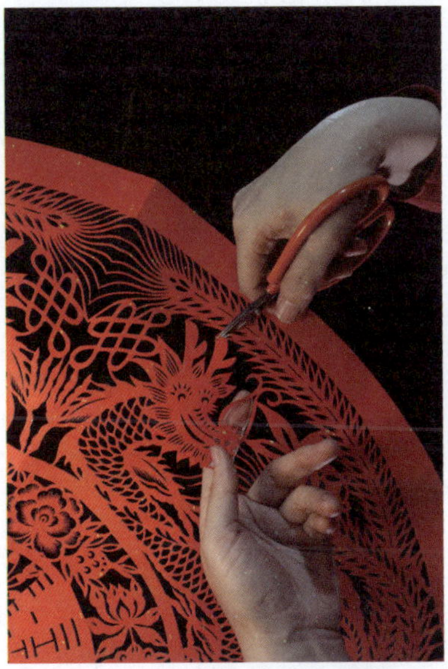

Paper Cutting is an art of cutting or carving paper into different patterns with scissors. Being simple and decorative, it is one of the oldest art forms in China. Chinese paper cutting appeared around 1,500 years ago, in which paper is cut into patterns of animals, people, scenery, and plants. Ming and Qing dynasties witness its peak, during which period this handicraft art was very popular among ordinary people. People often use paper cutting works to beautify or decorate their homes. For example, when someone gets married, people paste red paper cutting works on walls, dressing tables or other furniture to express their best wishes. Nowadays, in many parts of China, paper cutting is still considered an essential skill for women and a symbol of her cleverness.

Activities on paper cutting

1. Required materials:

1. Materials needed: red paper, scissors, carving knife, etc.
2. Related activities and process:
    1) Show movie clips or some pictures to lead students to this lesson, helping them learn about paper cutting, its history, and methods;
    2) Learn about the patterns of paper cutting;
    3) Appreciate paper cutting works;

4) Teach students to make a paper cutting work. Tell them the steps of paper cutting and ask them to think about how to determine the theme, design the pattern, and use scissors or a carving knife to cut out the pattern.

根据文章内容，用中文回答下列问题或完成相关任务

1 Make your own paper cutting works under your teacher's guidance.
2 What's your favorite paper cutting pattern?
3 Do you think paper cutting difficult? Do you like it?
4 Have you ever seen some Chinese paper cutting works in your country?
5 Do you know any other traditional Chinese handicrafts? Are there any interesting handicrafts in your country? Share them with your classmates.

中国古诗
Classical Chinese Poem

wū yī xiàng
乌衣巷

táng liú yǔ xī
［唐］刘禹锡

zhū què qiáo biān yě cǎo huā
朱雀桥边野草花，
wū yī xiàng kǒu xī yáng xié
乌衣巷口夕阳斜。
jiù shí wáng xiè táng qián yàn
旧时王谢堂前燕，
fēi rù xún cháng bǎi xìng jiā
飞入寻常百姓家。

在教师的指导下，背诵这首诗。
Recite this poem under the teacher's instruction.

第四单元
Unit 4

环保
Environmental Protection

保护环境就是保护我们生活的地球。爱护(ài hù)环境需要我们从生活中的一点一滴做起，少开一次车，少用一个塑料袋(sù liào dài)，做好每一天的垃圾(lā jī)分类……我们应该减少(jiǎn shǎo)人类对大自然的伤害，避免(bì miǎn)地球环境被严重(yán zhòng)破坏。既然(jì rán)没有人能承受(chéng shòu)失去地球的痛苦，那么，就从现在开始行动吧！

第七课　绿色出行
Lesson 7　Green Travel

现在，家用小汽车非常普遍。大街上，堵车(dǔ chē)的情况经常发生。汽(qì)油(yóu)的燃烧(rán shāo)不仅造成了严重的空气污染(wū rǎn)，还加剧了全球气候变暖。

为了缓解(huǎn jiě)这种情况，很多人逐渐改变了出行方式，开始"绿色出行"。首先，政府(zhèng fǔ)支持新能源(néng yuán)汽车的销售(xiāo shòu)，用环保能源替代(tì dài)汽油燃料(rán liào)。其次，人们尽量选择对环境友好的出行方式。有人以"走班族(zú)"自称，他们不使用任何交通工具，每天走路去公司。有的人以"自行车一族"自称，他们每天骑自己的自行车或者共享(gòng xiǎng)单车上下班，这样既节省(jì jié shěng)交通费用又环保。此外，拼车也是目前很流行的出行方式，如果两个人要去同一个地址(dì zhǐ)，或者方向一样，就可以同坐一辆车。还有人做了一种非常有趣的出行方案(fāng àn)，叫作"135"计划：1公里内步行，3公里内骑自行车出行，5公里内坐公交车出行。这样的确(dí què)可以减少空气污染，降低(jiàng dī)空气中的污染物含量(hán liàng)。

维护(wéi hù)健康宜人的环境离不开(lí bu kāi)我们每一个人的努力，环境保护是每个人的责任，我们不能忽视(hū shì)。或许(huò xǔ)你的一个动作就可以阻止(zǔ zhǐ)一次对地球的伤害。现在一切还来得及(lái de jí)，让我们一起养成(yǎng chéng)保护环境的好习惯！

词语学习 Word Learning

识写

1	爱护	àihù	cherish, take good care of
2	塑料袋	sùliàodài	plastic bag
3	垃圾	lājī	rubbish
4	减少	jiǎnshǎo	reduce
5	避免	bìmiǎn	avoid
6	严重	yánzhòng	serious
7	既然	jìrán	since, now that
8	承受	chéngshòu	bear, endure
9	堵车	dǔ//chē	traffic jam
10	汽油	qìyóu	gasoline
11	燃烧	ránshāo	burn
12	缓解	huǎnjiě	alleviate
13	逐渐	zhújiàn	gradually
14	政府	zhèngfǔ	government
15	销售	xiāoshòu	sell
16	替代	tìdài	replace, substitute
17	燃料	ránliào	fuel
18	既	jì	both... and...
19	节省	jiéshěng	economize, save
20	地址	dìzhǐ	address
21	方案	fāng'àn	plan, programme
22	的确	díquè	really, indeed

23 降低 jiàngdī reduce

24 含量 hánliàng content

25 维护 wéihù maintain

26 离不开 lí bu kāi can't do without

27 忽视 hūshì ignore

28 或许 huòxǔ perhaps

29 阻止 zǔzhǐ prevent

30 来得及 láidejí there's still time (to do sth.)

31 养成 yǎngchéng develop, foster

识读

1 污染 wūrǎn pollution

2 能源 néngyuán energy

3 族 zú a class/group of things/people with common features

4 共享 gòngxiǎng share

本课语法 Grammar in This Lesson

一A一B

- 爱护环境需要我们从生活中的一点一滴做起。
- 请你把情况一五一十汇报给老师。
- 只要是别人的东西，我们一针一线都不能拿。

既然……，就……

- 既然没有人能承受失去地球的痛苦，那么，就从现在开始行动吧！
- 既然孩子已经努力了，我们就不要再批评他了。
- 既然这事你决定好了，我们就不讨论了。

首先……，其次……

- 首先，政府支持新能源汽车的销售，用环保能源替代汽油燃料。其次，人们尽量选择对环境友好的出行方式。
- 首先要保证充足的睡眠，其次要吃得健康。

活动与练习 Activities and Exercises

一、用所给词语造句

1. 降低：________________

2. 逐渐：________________

3. 严重：________________

4. 节省：________________

5. 离不开：________________

二、选择合适的语言点填空

既然……，就……　　虽然……，但是……

首先……，其次……　　如果……，就……　　无论……，都……

1.（　　）她考试得了一百分，（　　）她看起来并不开心。

2.（　　）报名了，那我们（　　）好好准备这次运动会吧。

3.（　　）外面堵车，我们（　　）会迟到。

4.（　　）需要解决垃圾分类问题，（　　）要提高环保意识。

5.（　　）最后的结果是什么，我们（　　）为你骄傲，放心吧！

三、小组活动：调查研究

调查本班学生及家长每天上下学、上下班的出行方式，完成下面的表格。算一算绿色出行占的百分比，并提出合理的建议。

姓名	家用汽车	公共交通	拼车	自行车	步行

第八课　垃圾分类
Lesson 8　Garbage Classification

现代社会，人们每天生活都产生大量垃圾，垃圾的处理显得格外重要。我们不但要禁止(jìn zhǐ)随手乱扔垃圾，还要推广垃圾分类。做好垃圾分类可以让垃圾变废(fèi)为宝，变成再生材料(cái liào)，继续发挥(fā huī)作用！

首先，在家里我们每天都要把生活垃圾分好类，把不同种类(zhǒng lèi)的垃圾扔进不同的垃圾桶(tǒng)中。比如厨房里的剩(shèng)饭剩菜、果皮菜根(gēn)等，要扔进厨余垃圾桶；报纸、纸盒、塑料(sù liào)杯子、矿泉水(kuàng quán shuǐ)瓶等，应扔进可回收垃圾桶；电子产品(chǎn pǐn)，如废电池，一定要放进专门回收有毒(dú)有害物品的垃圾桶。严格按照制定(zhì dìng)好的分类标准进行垃圾分类，可以大大提高垃圾处理效率，我们一定不要怕麻烦。

其次，在学校我们可以在教室里放一些纸箱子(xiāng zi)，分别回收(huí shōu)同学们用过的饮料瓶、用完的作业本和旧书等。我们回收的不是一个个塑料瓶和一张张废纸，而是一条条干净的河水和一片片的森

林！你知道吗？一吨废纸如果被有效地回收利用，能生产出 0.85 吨再生纸，相当于保护了 17 棵大树，至少节约了 100 立方米的水资源。

最后，我们要让更多同学加入到垃圾分类和环境保护的工作中来。可以通过黑板报、校园广播或者演讲(yǎn jiǎng)，也可以通过召开关于(zhào kāi guān yú)垃圾分类的专题讲座(jiǎng zuò)的形式向全校同学宣传垃圾分类的重要性和方法。当每个人都承担(chéng dān)起一份责任，为垃圾分类而付出(fù chū)努力；当每个人都不只图眼前的方便，而是考虑(kǎo lǜ)人类长久的利益(lì yì)；当每个人都把环保当作自己的义务(yì wù)，并愿意做出改变……那时，我们一定会看到显著(xiǎn zhù)的效果，环境也会得到很大改善(gǎi shàn)！

词语学习　Word Learning

识写

1	禁止	jìnzhǐ	prohibit
2	材料	cáiliào	material
3	发挥	fāhuī	bring into play
4	种类	zhǒnglèi	kind, type
5	根	gēn	root
6	塑料	sùliào	plastic
7	矿泉水	kuàngquánshuǐ	mineral water
8	产品	chǎnpǐn	product
9	制定	zhìdìng	formulate
10	箱子	xiāngzi	box
11	演讲	yǎnjiǎng	give a lecture
12	召开	zhàokāi	hold, convene

13	关于	guānyú	about
14	讲座	jiǎngzuò	lecture
15	承担	chéngdān	undertake
16	付出	fùchū	pay, expend
17	考虑	kǎolǜ	consider
18	利益	lìyì	interest, benefit
19	义务	yìwù	(moral) obligation, (legal) duty
20	显著	xiǎnzhù	obvious
21	改善	gǎishàn	improve

识读

1	废	fèi	waste
2	桶	tǒng	bucket
3	剩	shèng	have (sb./sth.) left
4	毒	dú	poison
5	回收	huíshōu	recycle

本课语法 Grammar in This Lesson

不是……，而是……

- 我们回收的不是一个个塑料瓶和一张张废纸，而是一条条干净的河水和一片片的森林啊！
- 这件事错的不是我，而是他。
- 我不是不想去玩儿，而是实在没时间。

关于

- 学校召开了关于垃圾分类的专题讲座。
- 关于这次中文水平考试，老师说了很多。
- 我最近读了不少关于环保的书。

活动与练习　Activities and Exercises

一、用所给词语造句

1. 禁止：______________________________
2. 制定：______________________________
3. 召开：______________________________
4. 显著：______________________________
5. 改善：______________________________

二、选择合适的词语填空

不是……，就是……	不是……，而是……	关于
一方面……，另一方面……	为了	

1.（　　）下个月举办篮球比赛的事情，大家还有什么问题吗？

2.（　　）我们要节约用水，（　　）我们还要保护好这条河。

3.（　　）宣传垃圾分类的信息，大卫一天都没有休息。

4. 我猜期末考试的成绩（　　）今天公布，（　　）明天公布。

5. 你记错了，我喜欢的颜色（　　）蓝色，（　　）黄色。

三、小组活动

请同学们分别设计三个不一样的垃圾桶。

要求：① 每个垃圾桶的颜色和文字不能重复；

② 写出每个垃圾桶的作用；

③ 在全班同学面前展示你的设计并进行交流。

单元拓展

一、语言交流

在你的国家，平时人们出行常用的交通方式有哪些？大家对“绿色出行”怎么看？请和老师、同学们分享与交流，并把重要的对话记录下来。

二、文化交流

在你的国家，有没有进行垃圾分类？如果有，是怎么进行分类的？如果没有，那么大家对“垃圾分类”怎么看？请你做一个调查，把重要的信息记录下来，并和老师、同学们分享、交流。

翻译练习

一、翻译下列内容并完成课堂实践活动

Garbage Classification

Garbage includes waste such as used paper, empty cans or bottles, discarded food, etc. Some garbage is useless, but others can be recycled and reused. Nowadays, people are producing more and more garbage and we need to conduct garbage classification and protect the environment.

Therefore, today we will make a garbage classification in class to learn how to classify garbage. If we classify garbage, we can turn it into various recyclable materials.

Before the class:

Both the teacher and students bring some garbage to the class or prepare some pictures of different types of garbage.

During the class:

1 Prepare some disposable gloves;

2 Mix together the garbage brought;

3 Divide students into several groups;

4 Organize a garbage classification competition within each group;

5 Select the winning group based on the result of the activity.

Making a summary:

1 Ask students to explain their standards for garbage classification;

2 Emphasize the importance of garbage classification and environmental protection;

3. Tell students how to distinguish garbage. In many Chinese cities, all the residents are required to divide garbage into four categories: wet garbage, dry garbage, recyclable garbage, and hazardous garbage.
4. The environment will be significantly improved if we all take environmental protection as our responsibilities and take the long-term interest of mankind into consideration.

二、口语交流：翻译下列问题并用中文和同学交流自己的想法

1. Can you summarize the benefits of garbage classification?
2. In your opinion, what shall we do to enhance people's consciousness of garbage classification?
3. What garbage classification methods are used in your city or country?
4. Besides garbage classification, what other things can we do to protect ecological environment?

中国古诗
Classical Chinese Poem

yè yǔ jì běi
夜雨寄北

táng lǐ shāng yǐn
［唐］李商隐

jūn wèn guī qī wèi yǒu qī
君问归期未有期，

bā shān yè yǔ zhǎng qiū chí
巴山夜雨涨秋池。

hé dāng gòng jiǎn xī chuāng zhú
何当共剪西窗烛，

què huà bā shān yè yǔ shí
却话巴山夜雨时。

在教师的指导下，背诵这首诗。
Recite this poem under the teacher's instruction.

第五单元
Unit 5

科技生活
Technology and Life

全球科技的高速发展，为人类带来了越来越便利的生活。科技提高了人们的生活品质（pǐn zhì）和幸福感，与现代生活的各个方面联系紧密。本单元让我们一起来看看科技给中国人的生活带来了哪些变化吧！

第九课　手机与生活

Lesson 9　Mobile Phones and Life

1876 年，贝尔发明了电话；1973 年，出现了第一台手机。现在，随着科技的迅速(xùn sù)发展，手机早已不再只是单纯(dān chún)的通信工具了。除了打长途(cháng tú)电话、发微信(wēi xìn)，人们还可以用它看电子书、打车、玩儿游戏、点外卖、翻译(fān yì)外语、进行线上测试(cè shì)、在线上聚会(jù huì)等等。走在大街上，你会发现百分之(fēn zhī)八十的人的口袋(kǒu dai)里都有一部手机。对于(duì yú)现代人来说，手机不单(dān)是一种潮流(cháo liú)，更是人们生活中不可缺少的事物(shì wù)。

手机就像我们的生活秘书(mì shū)，它会提醒(tí xǐng)我们按时(àn shí)起床、约会(yuē huì)，记录我们的锻炼数据(duàn liàn shù jù)；手机也像我们的亲密(qīn mì)朋友，每当我们感到无聊时，它会和我们一起玩儿游戏，放音乐给我们听；手机又像一名知识丰富的老师，能帮助我们解决生活中遇到(yù dào)的难题，当我们看书学习时，还能给我们解释(jiě shì)难懂的问题。渐渐地，你会发现你的生活已经越来越离不开手机了。

然而(rán ér)，手机在带给我们方便和快乐的同时，也会影响人们的身体健康，甚至(shèn zhì)会给人们带来危险。因此，我们使用手机时要注意：休息时不要把手机放在距离(jù lí)我们太近的地方；走路、开车时，不要低头看手机；保护好我们的个人信息，更不要轻易(qīng yì)把自己的密码(mì mǎ)告诉别人。

总之，只有合理、科学地使用手机，才能让它更好地为我们服务。

词语学习 Word Learning

识写

1	品质	pǐnzhì	quality
2	迅速	xùnsù	rapid
3	单纯	dānchún	merely
4	长途	chángtú	long-distance
5	微信	wēixìn	WeChat
6	翻译	fānyì	translate
7	测试	cèshì	test, quiz
8	聚会	jùhuì	party
9	…分之…	…fēn zhī…	percent
10	口袋	kǒudai	pocket
11	对于	duìyú	for
12	单	dān	only, alone
13	潮流	cháoliú	trend
14	事物	shìwù	thing, object
15	秘书	mìshū	secretary
16	提醒	tí//xǐng	remind
17	按时	ànshí	on time
18	约会	yuēhuì	date, appointment
19	锻炼	duànliàn	do exercises
20	数据	shùjù	data

21	亲密	qīnmì	intimate
22	遇到	yùdào	meet
23	解释	jiěshì	explain
24	然而	rán'ér	however
25	甚至	shènzhì	even
26	距离	jùlí	be away from
27	轻易	qīngyì	easily
28	密码	mìmǎ	password

本课语法 Grammar in This Lesson

……分之……

- 你会发现百分之八十的人的口袋里都有一部手机。
- 我百分之百确定他说的是对的。
- 成功需要付出百分之两百的努力。

对于

- 对于现代人来说，手机不单是一种潮流，更是人们生活中不可缺少的事物。
- 对于音乐和美术，她都很感兴趣。
- 对于这个问题，我们还要考虑一下。

活动与练习 Activities and Exercises

一、找出下列书写错误的词语

(　　) 1. A. 翻译　　B. 朝流　　C. 长途　　D. 提醒

(　　) 2. A. 锻炼　B. 约会　C. 数据　D. 解释

(　　) 3. A. 宽广　B. 事物　C. 微信　D. 亲秘

(　　) 4. A. 禺到　B. 按时　C. 口袋　D. 单纯

(　　) 5. A. 聚会　B. 迅速　C. 偶到　D. 甚至

二、给“对于”选择适当的位置

1. A 父母的爱 B 孩子的成长 C 来说是 D 很重要的。

2. A 这件事 B，C 大枫有不同的 D 想法。

3. 去中国 A 留学 B 小叶来说是 C 一件充满幸福 D 的事情。

4. A 看 B 中国的新闻 C 学习汉语 D 有很大的帮助。

5. A 快乐，B 每个人 C 都有 D 不同的理解。

三、课堂活动

请设计一张以“手机与生活”为主题的海报。

要求：① 内容包括手机的好处、坏处以及正确的使用方法；

② 要有和内容相关的图画；

③ 在班级进行评比，并出一期关于手机的展板。

第十课　智慧城市

Lesson 10　Smart City

“智慧(zhì huì)城市”是指通过建设信息网络(wǎng luò)，形成城市信息资源系统(xì tǒng)，实现城市经济和社会生活的信息化。建造“智慧城市”是为了提高人民的生活质量(zhì liàng)，创造更美好的城市生活。

随着通信技术的发展，科技已经进入到我们生活中的各个方面。“智慧城市”将通信从人与人之间(zhī jiān)扩展(kuò zhǎn)到了人与机器、机器与机器之间，运用多种网络构成(gòu chéng)智慧城市的通信模型(mó xíng)，实现了环保、快递(kuài dì)、交通、医疗(yī liáo)、健身(jiàn shēn)、食品安全等各个(gè gè)方面的信息化。

目前，中国有500多个城市正在建设“智慧城市”，深圳就是其中之一(zhī yī)。作为移民(yí mín)城市和全国科技创新城市，深圳具备年轻人多、互联网企业多、互联网接受程度高的特点。利用以上优势，深圳市政府在全国率先(shuài xiān)创造了“互联网+政府服务”。

"i深圳" APP已上线了8287项政府和公共服务项目。目前，深圳市95%以上的个人服务项目和70%以上的法律(fǎlǜ)服务项目都实现了一站式办理，"i深圳"为1400多万深圳居民提供了超过17亿次服务，为全市人民的生产生活提供了极大的方便。

此外，深圳市还开发了智能(zhì néng)交通解决方案，由过去"车看灯，读秒(miǎo)数通行(tōng xíng)"，向现在"灯看车，读车数放行(fàng xíng)"转变。目前应用这一技术的200个路口，高峰期(gāofēng qī)的通行能力已经提升了约10%。在食品安全方面，深圳市政府为全市11627家200平方米以上的饭店和学校食堂(shí táng)安装了摄像头。人们可以观看食品制作过程，保证食品安全。

深圳市运用数据和网络实现全过程智能化服务，既提高了政府服务效率(xiào lǜ)，又让服务过程更加透明(tòu míng)。这些技术让企业(qǐ yè)和人民办事(bàn shì)更方便，满足了人们对更高生活品质的要求，不断吸引着越来越多的人才加入这个智慧化的城市！

词语学习 Word Learning

识写

1	网络	wǎngluò	the Internet
2	系统	xìtǒng	system
3	质量	zhìliàng	quality
4	扩展	kuòzhǎn	extend
5	之间	zhījiān	between, among
6	构成	gòuchéng	constitute

7	模型	móxíng	model
8	快递	kuàidì	express mail/delivery
9	医疗	yīliáo	medical treatment
10	健身	jiànshēn	keep fit
11	各个	gègè	every
12	之一	zhīyī	one of
13	移民	yímín	immigrant
14	率先	shuàixiān	first, taking the lead (in doing sth.)
15	法律	fǎlǜ	law
16	智能	zhìnéng	intelligence
17	食堂	shítáng	canteen, dining hall
18	效率	xiàolǜ	efficiency
19	透明	tòumíng	transparent
20	企业	qǐyè	enterprise
21	办事	bàn//shì	do things, handle affairs
22	吸引	xīyǐn	attract

识读

1	智慧	zhìhuì	wisdom
2	秒	miǎo	second
3	通行	tōngxíng	pass through
4	放行	fàngxíng	let (sb./sth.) pass
5	高峰期	gāofēngqī	peak period

本课语法 Grammar in This Lesson

既……又……

- （“智慧城市”建设）既提高了政府服务效率，又让服务过程更加透明。
- 她既会学习，又会玩儿。
- 这件衣服既好看，又舒服。

活动与练习 Activities and Exercises

一、找出下列书写错误的词语

(　　) 1. A. 移民　B. 政府　C. 建身　D. 构成

(　　) 2. A. 各个　B. 食堂　C. 企业　D. 网洛

(　　) 3. A. 法津　B. 运用　C. 快递　D. 办事

(　　) 4. A. 吸引　B. 智熊　C. 系统　D. 医疗

(　　) 5. A. 率先　B. 程序　C. 透朋　D. 模型

二、用"既……又……"及括号内的词语造句

例 在网上买东西既方便又便宜。（方便 / 便宜）

1. ______（智能 / 效率）

2. ______（好吃 / 健康）

3. ______（干净 / 好看）

4. ______（漂亮 / 年轻）

5. ______（流利 / 标准）

三、根据课文回答问题

1. 什么叫"智慧城市"？
2. 你认为深圳是一座什么样的城市？
3. 智慧化的城市为什么会吸引更多的人？

单元拓展

一、语言交流

学完本单元，相信你对“智慧城市”有了一定的了解。那么，你理想中的“智慧城市”是什么样子的呢？你认为“智慧城市”还应该提供哪些智慧化服务？请你和老师、同学们交流、讨论，并把重要的信息记录下来。

二、文化交流

在中国，人们买东西大多使用手机支付。在你的国家呢？使用手机支付的人多还是用现金支付的人多？请你做一个调查，并完成下面的表格。

	好处	坏处
手机支付		
现金支付		

翻译练习

一、将下列内容翻译成中文，注意使用括号内的词语

1 With the rapid development of technology, telephones are becoming more and more intelligent. We can not only use a phone to contact others, send WeChat messages, but also play games, listen to music, translate foreign languages, process work files, etc.

（迅速、微信、翻译）

2 However, being a secretary is not as easy as it seems. A good secretary needs many job skills, such as arranging your boss's business trips, reminding his/her work schedule on time, helping him/her make an appointment with other clients, organizing many different parties, even helping solve his/her problems.

（然而、秘书、提醒、按时、约会、甚至、聚会、遇到）

3 With the application of different types of intelligent Internet systems in our life, our life has become increasingly convenient. We have realized informatization in areas such as environmental protection, express delivery, transportation, medical treatment, fitness, food safety. Technology has helped us improve work efficiency, simplify the process of handling government affairs, enable more people to enjoy the right to education and have an easier access to information.

（网络、系统、快递、医疗、健身、效率、程序、办事）

二、思考与交流：用中文回答下列问题

1. Besides mobile phones, what other technological products are used in your life?
2. Do you think students should use mobile phones at school? Why?
3. What is the impact of technology on education? Talk about its advantages and disadvantages.
4. Do you know ChatGPT? Do you think it will replace human beings some day?
5. What new technological products will be invented and used in people's work and life?

jiāng nán chūn
江南春

táng dù mù
［唐］杜牧

qiān lǐ yīng tí lǜ yìng hóng
千里莺啼绿映红，

shuǐ cūn shān guō jiǔ qí fēng
水村山郭酒旗风。

nán cháo sì bǎi bā shí sì
南朝四百八十寺，

duō shǎo lóu tái yān yǔ zhōng
多少楼台烟雨中。

在教师的指导下，背诵这首诗。
Recite this poem under the teacher's instruction.

第六单元
Unit 6

传统节日
Traditional Festivals

春节、清明节、端(duān)午(wǔ)节(jié)、中秋节都是中国重要的传统节日。每个节日都有自己独特的风俗，也都蕴含着丰富的文化和历史背景。本单元就让我们一起来了解端午节和春节吧！

第十一课　端午节
Lesson 11　Loong Boat Festival

自(zì)古以来，端午节都是中国重要的传统节日之一。在农历(nóng lì)五月初五这天，人们赛龙舟、吃粽子、挂艾草、戴五彩绳等等。据说，端午节的来历和两千多年前中国的爱国(ài guó)诗人(shī rén)屈原(qū yuán)有关。

屈原是楚国的大臣(dà chén)，他非常爱自己的国家，经常向楚王提出对国家有利的建议，但是国王并不接受，还把他赶到了很远的地方。后来，秦国和楚国发生了战争(zhàn zhēng)，楚国的老百姓过着非常穷苦的日子，路边甚至常能看见饿死的人。屈原伤心极了，因自己无法(wú fǎ)改变国家的状况而(ér)感到非常痛苦。于是(yú shì)，他来到了汨(mì)罗江(luó jiāng)。在江边，他作了一首诗(shī)后抱(bào)着石头跳进了江里。了解(liǎo jiě)情况后，人们被屈原的爱国心感动了，纷纷到江边来祭奠(jì diàn)他。传说，人们为了保护屈原的身体不被鱼虾吃掉，就用叶子(yè zi)把米包好投(tóu)进江里，然后用划船比赛的方式分散(fēn sàn)水里的鱼虾。

于是，端午节便有了吃粽子(zòng zi)和赛龙舟(zhōu)的习俗。赛龙舟作为端午节的传统水上项目，已流传两千多年，在中国南方特别是广东地区十分流行。

根据记载(jì zǎi)，粽子在晋代被正式定(dìng)为端午节食品，当时包粽子的原料除糯米外，还加入了药材(yào cái)。后来，各地陆续(lù xù)在粽子中加入当地喜欢的食材，喜欢咸味儿(xián wèir)的地方就加肉，喜欢甜味儿的加豆沙(dòu shā)等，就这样，粽子的种类不断丰富。如今(rú jīn)，在端午节这天，你可以在各地吃到不同味道的粽子。你会选择(xuǎn zé)哪一种呢？

词语学习 Word Learning

识写

1	自	zì	from
2	爱国	ài//guó	patriotic
3	诗人	shīrén	poet
4	战争	zhànzhēng	war
5	无法	wúfǎ	be unable/powerless (to do sth.)
6	而	ér	*used to join verbs, adjectives, phrases, or clauses*
7	于是	yúshì	*used to indicate an action immediately following the previous one*
8	江	jiāng	river
9	诗	shī	poem
10	抱	bào	hold in the arms
11	了解	liǎojiě	find out
12	叶子	yèzi	leaf

13	投	tóu	throw
14	分散	fēnsàn	disperse, scatter
15	记载	jìzǎi	record
16	定	dìng	decide
17	陆续	lùxù	one after another
18	咸	xián	salty
19	味儿	wèir	taste
20	如今	rújīn	nowadays
21	选择	xuǎnzé	choose

识读

1	端午节	Duānwǔ Jié	Loong Boat Festival
2	农历	nónglì	lunar calendar
3	大臣	dàchén	(in a monarchy) minister
4	祭奠	jìdiàn	hold a memorial ceremony for
5	粽子	zòngzi	*zongzi*, rice dumplings
6	舟	zhōu	boat
7	药材	yàocái	decide
8	豆沙	dòushā	sweetened bean paste

专有名词

1	屈原	Qū Yuán	a renowned Chinese poet and statesman
2	汨罗江	Mìluó Jiāng	Miluo River

本课语法 Grammar in This Lesson

自……以来

· 自古以来，端午节都是中国最重要的传统节日之一。

· 自去年以来，我一直生活在中国。

……，于是……

· 于是，他来到了汨罗江。

· 他不喜欢这个工作，于是离开了这家公司。

· 他发现自己的中文水平不够高，于是开始努力学中文。

活动与练习 Activities and Exercises

一、词语扩展

例 爱国→爱国诗人→屈原是一位爱国诗人。

1. 了解→__________→__________________________
2. 分散→__________→__________________________
3. 陆续→__________→__________________________
4. 选择→__________→__________________________
5. 无法→__________→__________________________

二、选择合适的词语填空

于是　可是　就是　不是　是不是

1. 本来今年暑假我要去北京玩儿，（　　）现在取消了。
2. 这是丽丽的妈妈，她（　　）我们班的中文老师。
3. 他不想吃米饭，（　　）选择了吃面条。
4. 你们班汉语考试考第一名的（　　）一个英国人？
5. 同学们看！这（　　）中国的万里长城。

三、课堂活动

在你的国家，有没有纪念伟人的节日？那位伟人做过什么？你们为什么要纪念他/她？

请你和同学们交流、讨论以上的问题，并把重要的信息记录下来。

第十二课　春节

Lesson 12　Spring Festival

作为(zuò wéi)中国的农历新年，春节一直是中国最重要的节日。春节也称“年”，一般来说(yì bān lái shuō)，过年从除夕(chú xī)开始，直到正月十五才结束。春节前，从小年开始，人们就忙碌起来了。打扫(dǎ sǎo)房屋、买新衣、备年货(huò)……这些带有浓(nóng)浓的节日氛围的活动都有一个共同的主题——辞旧迎新(cí jiù yíng xīn)。

扫　尘

“腊月二十四，除尘扫(sǎo)房子。”“扫尘”就是打扫房间，暗示(àn shì)人们把不好的东西全部扫出门去。春节前，家家户户都要彻底(chè dǐ)打扫自己居(jū)住(zhù)的地方，擦(cā)擦洗洗，意思是把一年的坏运气(yùn qi)和烦(fán)心事都赶走。

办年货

中国的家庭过年前要购买(gòu mǎi)大量的年货。春联(chūn lián)、福字、新衣服、过年期间的食品等都属于年货，因为过年时很多商家都不营业(yíng yè)，所以大家都会提前备好年货。

贴春联

春联是中国独特(dú tè)的文学形式，也是中国人过春节的重要标志。春联分为上联、下联和横批，上下联字数相等，横批贴(tiē)在中间最高处(chù)。每到春节，家家户户都会挑选一幅红底(dǐ)黑字的春联贴在门上，表达自己对新年的美好愿望。有的春联会带有当年的生肖名，有的会带有对不同行业(háng yè)的希望……可见，研究(yán jiū)春联中的学问(xué wen)能学到不少中国文化！

守　岁

除夕守(shǒu)岁是最重要的春节活动。除夕夜，全家人在一起等待新年到来，称为“守岁”。这天晚上，中国家庭都会享受丰盛的年夜饭，家人们聚在一起聊天儿，很多家庭都会一起看电视，非常热闹(rè nao)，哪怕远在海外的华人也不例外。守到除夕的最后一分钟时，大家会跟着电视一起倒数“5、4、3、2、1”，然后互相送上新年祝福(zhù fú)，有的地方也会燃放烟花(yān huā)和鞭炮(biān pào)。

拜　年

大年初一，人们就开始走亲访友拜年了。现代人还会发语音、打视频电话向远方的亲友送去祝福。你知道在中国古代人们是怎么拜年的吗？那时，各家门上放一个红纸袋，称为“门簿”，上面写着主人的姓名。拜年的人在“名帖(tiě)”上写上自己的姓名、地址，然后把“名帖”放在纸袋(dài)里，表示拜年，这和现代的贺卡(hè kǎ)或祝福短信一样。拜年时小辈(xiǎo bèi)还会收到长辈(zhǎng bèi)发的红包(hóngbāo)，别提多高兴了！

词语学习　Word Learning

识写

1	作为	zuòwéi	as
2	一般来说	yìbān lái shuō	in general
3	打扫	dǎsǎo	sweep
4	货	huò	goods
5	浓	nóng	strong
6	扫	sǎo	sweep
7	暗示	ànshì	hint, suggest
8	彻底	chèdǐ	thorough
9	居住	jūzhù	live
10	擦	cā	wipe
11	运气	yùnqi	luck, fortune
12	烦	fán	bother, annoy
13	购买	gòumǎi	buy
14	营业	yíngyè	do business
15	独特	dútè	unique
16	贴	tiē	paste
17	处	chù	place
18	底	dǐ	background

19	行业	hángyè	industry
20	研究	yánjiū	study, research
21	学问	xuéwen	knowledge
22	守	shǒu	keep watch
23	热闹	rènao	lively, bustling
24	祝福	zhùfú	wish sb. well
25	袋	dài	bag
26	红包	hóngbāo	red envelope containing money

识读

1	除夕	chúxī	Chinese New Year's Eve
2	辞旧迎新	cíjiù-yíngxīn	ring out the old year and ring in the new
3	春联	chūnlián	Spring Festival couplets
4	烟花	yānhuā	fireworks
5	鞭炮	biānpào	firecrackers
6	帖	tiě	visiting card
7	贺卡	hèkǎ	greeting card
8	小辈	xiǎobèi	younger generation of a family
9	长辈	zhǎngbèi	senior generation of a family

本课语法 Grammar in This Lesson

作为

- 作为中国的农历新年，春节一直是中国最重要的节日。
- 作为学生你应该按时完成作业。
- 他作为学校教师代表参加了这次教学比赛。

一般来说

- 一般来说，过年除夕开始，直到正月十五才结束。
- 一般来说，小叶上学是不会迟到的。
- 一般来说，老人比年轻人更有经验。

活动与练习 Activities and Exercises

一、词语扩展

例 贴→贴春联→人们要在门上贴春联。

1. 打扫→__________→____________________
2. 运气→__________→____________________
3. 热闹→__________→____________________
4. 研究→__________→____________________
5. 购买→__________→____________________

二、用画线部分造句

1. 作为一个学生，这是你应该做的。

①＿＿＿＿＿＿＿＿＿＿＿＿＿＿＿＿＿＿＿＿＿＿＿＿＿＿＿＿。

②＿＿＿＿＿＿＿＿＿＿＿＿＿＿＿＿＿＿＿＿＿＿＿＿＿＿＿＿。

2. 一般来说，春天雨水比较多。

①＿＿＿＿＿＿＿＿＿＿＿＿＿＿＿＿＿＿＿＿＿＿＿＿＿＿＿＿。

②＿＿＿＿＿＿＿＿＿＿＿＿＿＿＿＿＿＿＿＿＿＿＿＿＿＿＿＿。

3. 他今天身体不舒服，不想去上学，于是跟老师请假了。

①＿＿＿＿＿＿＿＿＿＿＿＿＿＿＿＿＿＿＿＿＿＿＿＿＿＿＿＿。

②＿＿＿＿＿＿＿＿＿＿＿＿＿＿＿＿＿＿＿＿＿＿＿＿＿＿＿＿。

三、根据课文回答问题

1. 春节是在什么时候？
2. 过年时，中国人一般会做什么？
3. 通过学习，你对春节的印象怎么样？

请你和同学们交流、讨论以上问题，并把重要的信息记录下来。

单元拓展

一、语言交流

中国一共有四大传统节日，分别是春节、清明节、端午节和中秋节。请你课后查找资料，完成下面的表格。

	春节	清明节	端午节	中秋节
日期				
食物				
节日活动				

二、文化交流

假如你想邀请你的老师、同学一起到你家过春节，你应该怎么说？请你想一想，并填写下面的活动计划。

日期	
地点	
人数	
食物	
具体活动安排	

翻译练习

一、翻译并根据课文内容用中文回答下列问题

1. Can you retell the origin of Loong Boat Festival according to the text?
2. What do we eat during Loong Boat Festival? What flavor do you like?
3. What are the customs of Chinese Spring Festival? Which custom is the most interesting for you? Why?

二、文化交流和口语表达：用中文回答和交流下列问题

1. Do you know any other traditional Chinese festivals?
2. What are the festivals in your country?
3. Can you share some interesting or strange customs in your country?

三、将下列句子翻译成英文

1. 屈原是中国著名的爱国诗人，端午节就是用来纪念他的节日。
2. 端午节人们一般会吃粽子，赛龙舟。如今，粽子的种类有很多，你会选择吃哪种口味呢？
3. 了解到事情的实际情况后，同学们纷纷向他表达感谢。因此，他感到非常开心。
4. 作为中国传统的节日之一，春节是最热闹的。
5. 每一个行业都有很多学问，我们要掌握好一门学问，就要认真研究它。

中国古诗
Classical Chinese Poem

bái yún quán
白云泉

táng bái jū yì
［唐］白居易

tiān píng shān shàng bái yún quán
天平山上白云泉，

yún zì wú xīn shuǐ zì xián
云自无心水自闲。

hé bì bēn chōng shān xià qù
何必奔冲山下去，

gèng tiān bō làng xiàng rén jiān
更添波浪向人间。

在教师的指导下，背诵这首诗。
Recite this poem under the teacher's instruction.

词汇表（识写）

A

爱国	ài//guó	patriotic	11
爱护	àihù	cherish, take good care of	7
按时	ànshí	on time	9
暗示	ànshì	hint, suggest	12

B

摆脱	bǎituō	get rid of	4
办事	bàn//shì	do things, handle affairs	10
包含	bāohán	include	5
包括	bāokuò	include	2
宝贵	bǎoguì	precious, valuable	2
抱	bào	hold in the arms	11
被迫	bèipò	be forced, be compelled	4
避	bì	avoid	2
避免	bìmiǎn	avoid	7
标志	biāozhì	sign	5
不管	bùguǎn	regardless of	1

C

擦	cā	wipe	12
材料	cáiliào	material	8
财产	cáichǎn	property	2
财富	cáifù	wealth	3
测量	cèliáng	measure	3
测试	cèshì	test, quiz	9
茶叶	cháyè	tea (leaves)	4
产品	chǎnpǐn	product	8

长途	chángtú	long-distance	9
唱片	chàngpiàn	record, disc	9
潮流	cháoliú	trend	9
彻底	chèdǐ	thorough	12
沉重	chénzhòng	heavy	3
称赞	chēngzàn	praise	2
承担	chéngdān	undertake	8
承受	chéngshòu	bear, endure	7
尺寸	chǐcùn	size	3
充分	chōngfèn	sufficient	4
出色	chūsè	outstanding	6
处	chù	place	12
传统	chuántǒng	traditional	5
春季	chūnjì	spring	6
此外	cǐwài	besides, in addition	4
从此	cóngcǐ	henceforth, since then	3
促进	cùjìn	promote	4

D

打败	dǎbài	defeat	3
打扫	dǎsǎo	sweep	12
大型	dàxíng	large	3
袋	dài	bag	12
单	dān	only, alone	9
单纯	dānchún	merely	9
导游	dǎoyóu	tourist guide	2
得意	déyì	proud	2
得	děi	must	4
登	dēng	reach	2
登山	dēng//shān	climb a mountain	1
的确	díquè	really, indeed	7
敌人	dírén	enemy	3
底	dǐ	background	12

地位	dìwèi	position, status	1
地址	dìzhǐ	address	7
定	dìng	decide	11
冬季	dōngjì	winter	6
独特	dútè	unique	12
堵车	dǔ//chē	traffic jam	7
度过	dùguò	spend	2
锻炼	duànliàn	do exercises	9
对付	duìfu	deal with	4
对于	duìyú	for	9
多样	duōyàng	various	5
多种	duō zhǒng	multiple	5

E

而	ér	*used to join verbs, adjectives, phrases, or clauses*	11

F

发挥	fāhuī	bring into play	8
法律	fǎlǜ	law	10
翻译	fānyì	translate	9
烦	fán	bother, annoy	12
反而	fǎn'ér	on the contrary, instead	6
方案	fāng'àn	plan, programme	7
放松	fàngsōng	relax	1
非	fēi	not	2
分散	fēnsàn	disperse, scatter	11
…分之…	…fēn zhī…	percent	9
纷纷	fēnfēn	one after another	2
风景	fēngjǐng	scenery	1
风俗	fēngsú	custom	1
符号	fúhào	symbol	5
付出	fùchū	pay, expend	8
负担	fùdān	burden	3

复制	fùzhì	reproduce	3

G

改善	gǎishàn	improve	8
感兴趣	gǎn xìngqù	be interested in	1
格外	géwài	particularly	2
各个	gègè	every	10
根	gēn	root	8
工程	gōngchéng	project	3
共	gòng	in total	2
构成	gòuchéng	constitute	10
购买	gòumǎi	buy	12
关于	guānyú	about	8
逛	guàng	stroll	2
规模	guīmó	scale	2
规则	guīzé	rule	5

H

海水	hǎishuǐ	seawater	1
海鲜	hǎixiān	seafood	1
含量	hánliàng	content	7
含义	hányì	meaning	5
寒假	hánjià	winter vacation	1
行业	hángyè	industry	12
好友	hǎoyǒu	good friend	6
黑暗	hēi'àn	dark	6
红包	hóngbāo	red envelope containing money	12
呼吸	hūxī	breathe	1
忽视	hūshì	ignore	7
缓解	huǎnjiě	alleviate	7
汇报	huìbào	report	4
伙伴	huǒbàn	partner, pal	2
或许	huòxǔ	perhaps	7

货	huò	goods	12
获得	huòdé	gain, get	1

J

几乎	jīhū	almost	2
极	jí	extremely	2
极其	jíqí	extremely	2
记载	jìzǎi	record	11
技巧	jìqiǎo	skill	5
季节	jìjié	season	1
既	jì	both... and...	7
既然	jìrán	since, now that	7
假如	jiǎrú	if	5
减少	jiǎnshǎo	reduce	7
健身	jiànshēn	keep fit	10
江	jiāng	river	11
讲座	jiǎngzuò	lecture	8
降低	jiàngdī	reduce	7
交换	jiāohuàn	exchange	4
交往	jiāowǎng	contact	4
节省	jiéshěng	economize, save	7
解释	jiěshì	explain	9
禁止	jìnzhǐ	prohibit	8
经典	jīngdiǎn	classical	6
竟然	jìngrán	unexpectedly	2
居民	jūmín	resident	4
居住	jūzhù	live	12
巨大	jùdà	enormous	3
距离	jùlí	be away from	9
聚会	jùhuì	party	9
角色	juésè	role	5

K

考虑	kǎolǜ	consider	8
可见	kějiàn	it is thus clear that...	2
空间	kōngjiān	space	5
口袋	kǒudai	pocket	9
苦	kǔ	hardship	4
快递	kuàidì	express mail/delivery	10
宽广	kuānguǎng	broad	1
矿泉水	kuàngquánshuǐ	mineral water	8
扩大	kuòdà	expand	4
扩展	kuòzhǎn	extend	10

L

垃圾	lājī	rubbish	7
来得及	láidejí	there's still time (to do sth.)	7
乐趣	lèqù	fun	1
类型	lèixíng	type, category	1
离不开	lí bu kāi	can't do without	7
力气	lìqi	strength	2
历史	lìshǐ	history	1
利益	lìyì	interest, benefit	8
良好	liánghǎo	good	4
了解	liǎojiě	find out	11
流传	liúchuán	spread	5
陆地	lùdì	land	4
陆续	lùxù	one after another	11

M

没错	méi cuò	can't go wrong	1
秘书	mìshū	secretary	9
密码	mìmǎ	password	9
密切	mìqiè	close	4
描述	miáoshù	describe	2

模型	móxíng	model	10

N

哪怕	nǎpà	even if	6
宁静	níngjìng	quiet	6
浓	nóng	strong	12

P

排列	páiliè	arrange	3
培训	péixùn	training	5
培养	péiyǎng	cultivate	5
品质	pǐnzhì	quality	9
平方	píngfāng	square	3

Q

期待	qīdài	expectation	5
企业	qǐyè	enterprise	10
汽油	qìyóu	gasoline	7
亲密	qīnmì	intimate	9
轻松	qīngsōng	relaxed	1
轻易	qīngyì	easily	9
情景	qíngjǐng	scene	2
穷	qióng	poor	6
秋季	qiūjì	fall, autumn	6
圈	quān	circle	5
权力	quánlì	power	3

R

然而	rán'ér	however	9
燃料	ránliào	fuel	7
燃烧	ránshāo	burn	7
热闹	rènao	lively, bustling	12
人家	rénjia	other (people, etc.)	4
如今	rújīn	nowadays	11

S

扫	sǎo	sweep	12
森林	sēnlín	forest	1
身份	shēnfèn	identity	5
神秘	shénmì	mysterious	3
甚至	shènzhì	even	9
失望	shīwàng	disappoint	6
诗	shī	poem	11
诗人	shīrén	poet	11
食堂	shítáng	canteen, dining hall	10
士兵	shìbīng	soldier	3
事物	shìwù	thing, object	9
守	shǒu	keep watch	12
舒适	shūshì	comfortable	1
熟练	shúliàn	skilled, proficient	5
暑假	shǔjià	summer vacation	1
数据	shùjù	data	9
率先	shuàixiān	first, taking the lead (in doing sth.)	10
塑料	sùliào	plastic	8
塑料袋	sùliàodài	plastic bag	7

T

台上	táishàng	(on) the stage	5
提醒	tí//xǐng	remind	9
替代	tìdài	replace, substitute	7
挑选	tiāoxuǎn	select	4
挑战	tiǎozhàn	challenge	6
贴	tiē	paste	12
统计	tǒngjì	statistic	3
统一	tǒngyī	unified	3
投	tóu	throw	11
投入	tóurù	put into	3

透明	tòumíng	transparent	10
图案	tú'àn	pattern	5
土地	tǔdì	land	1

W

外交官	wàijiāoguān	diplomat	4
网络	wǎngluò	the Internet	10
微信	wēixìn	WeChat	9
维护	wéihù	maintain	7
位于	wèiyú	be located in	1
味儿	wèir	taste	11
无法	wúfǎ	be unable/powerless (to do sth.)	11
无聊	wúliáo	bored, dull	5
无论	wúlùn	regardless of	6
无限	wúxiàn	unlimited	1
五颜六色	wǔyán-liùsè	colorful	2

X

吸引	xīyǐn	attract	2
喜爱	xǐ'ài	like	1
系统	xìtǒng	system	10
细	xì	(of particles) fine, small	1
细	xì	thin, slender	5
夏季	xiàjì	summer	6
鲜明	xiānmíng	distinct	5
咸	xián	salty	11
显著	xiǎnzhù	obvious	8
箱子	xiāngzi	box	8
想象	xiǎngxiàng	imagine	2
项	xiàng	*a measure word for itemized things*	5
销售	xiāoshòu	sell	7
效率	xiàolǜ	efficiency	10
新鲜	xīnxiān	fresh	1

兴奋	xīngfèn	excited	4
选择	xuǎnzé	choose	11
学问	xuéwen	knowledge	12
迅速	xùnsù	rapid	9

Y

延续	yánxù	continue	3
严格	yángé	strict	5
严重	yánzhòng	serious	7
研究	yánjiū	study, research	12
演讲	yǎnjiǎng	give a lecture	8
养成	yǎngchéng	develop, foster	7
叶子	yèzi	leaf	11
医疗	yīliáo	medical treatment	10
移民	yímín	immigrant	10
遗产	yíchǎn	heritage	3
一般来说	yìbān lái shuō	in general	12
义务	yìwù	(moral) obligation, (legal) duty	8
引进	yǐnjìn	introduce from elsewhere	4
营业	yíngyè	do business	12
赢得	yíngdé	win	5
勇气	yǒngqì	courage	8
优美	yōuměi	beautiful	1
优秀	yōuxiù	excellent	4
有趣	yǒuqù	interesting	5
于是	yúshì	*used to indicate an action immediately following the previous one*	11
遇到	yùdào	meet	9
圆满	yuánmǎn	satisfactory, perfect	6
约会	yuēhuì	date, appointment	9
运气	yùnqi	luck, fortune	12
运用	yùnyòng	use	5

Z

战争	zhànzhēng	war	11
召开	zhàokāi	hold, convene	8
阵	zhèn	array	3
政府	zhèngfǔ	government	7
之后	zhīhòu	time after a certain point	4
之间	zhījiān	between, among	10
之一	zhīyī	one of	10
植物	zhíwù	plant	1
制定	zhìdìng	formulate	8
质量	zhìliàng	quality	10
智能	zhìnéng	intelligence	10
种类	zhǒnglèi	kind, type	8
种植	zhòngzhí	plant, grow	4
逐渐	zhújiàn	gradually	7
祝福	zhùfú	wish sb. well	12
著名	zhùmíng	famous	2
资源	zīyuán	resource	4
自	zì	from	11
综合	zōnghé	comprehensive	5
总共	zǒnggòng	in total	2
总理	zǒnglǐ	prime minister	3
总之	zǒngzhī	in a word	5
阻止	zǔzhǐ	prevent	7
最初	zuìchū	initial	4
作为	zuòwéi	as	12

词汇表（识读、专有名词）

B

鞭炮	biānpào	firecrackers	12
博物馆	bówùguǎn	museum	3

C

除夕	chúxī	Chinese New Year's Eve	12
春联	chūnlián	Spring Festival couplets	12
辞旧迎新	cíjiù-yíngxīn	ring out the old year and ring in the new	12

D

大臣	dàchén	(in a monarchy) minister	11
岛	dǎo	island	2
殿	diàn	hall	2
顶	dǐng	top, summit	2
豆沙	dòushā	sweetened bean paste	11
毒	dú	poison	8
端午节	Duānwǔ Jié	Loong Boat Festival	11

F

放行	fàngxíng	let (sb./sth.) pass	10
废	fèi	waste	8
幅	fú	*a measure word for pictures*	1

G

高峰期	gāofēngqī	peak period	10
工匠	gōngjiàng	craftsman, artisan	3
宫	gōng	palace	2
共享	gòngxiǎng	share	7
国粹	guócuì	quintessence of Chinese culture	5

H

贺卡	hèkǎ	greeting card	12
皇帝	huángdì	emperor	2
回收	huíshōu	recycle	8
货物	huòwù	goods, commodity	4

J

祭奠	jìdiàn	hold a memorial ceremony for	11
皆	jiē	all	1
景点	jǐngdiǎn	scenic spot	2
军队	jūnduì	army	3
军事	jūnshì	military	3

K

考古	kǎogǔ	archaeology	3
坑	kēng	pit	3

L

廊	láng	corridor	2
脸谱	liǎnpǔ	facial make-up	5
陵墓	língmù	mausoleum	3
陵园	língyuán	tombs surrounded by a park	3

M

汨罗江	Mìluó Jiāng	Miluo River	11
秒	miǎo	second	10

N

能源	néngyuán	energy	7
农历	nónglì	lunar calendar	11

P

葡萄	pútao	grape	4

Q

奇迹	qíjì	miracle	3
穷苦	qióngkǔ	impoverished	6
屈原	Qū Yuán	a renowned Chinese poet and statesman	11

S

剩	shèng	have (sb./sth.) left	8
失明	shī//míng	go blind	6
书房	shūfáng	study	5
丝绸	sīchóu	silk	4

T

陶俑	táoyǒng	terracotta figurine	3
帖	tiě	visiting card	12
通行	tōngxíng	pass through	10
桶	tǒng	bucket	8

W

文物	wénwù	cultural relic	2
污染	wūrǎn	pollution	7

X

西域	Xīyù	the Western Regions (used in Han Dynasty for areas west of Yumenguan)	4
戏曲	xìqǔ	opera	5
小辈	xiǎobèi	younger generation of a family	12
修建	xiūjiàn	build	3

Y

烟花	yānhuā	fireworks	12
药材	yàocái	decide	11

Z

张骞	Zhāng Qiān	first envoy of the Western Han Dynasty to kingdoms in the Western Regions	4

长辈	zhǎngbèi	senior generation of a family	12
智慧	zhìhuì	wisdom	10
舟	zhōu	boat	11
粽子	zòngzi	*zongzi*, rice dumplings	11
族	zú	a class/group of things/people with common features	7